500 FRASES
EN INGLÉS PARA
APRENDER EN

5 DÍAS

I0140397

A pesar de haber puesto el máximo cuidado en la redacción de esta obra, el autor o el editor no pueden en modo alguno responsabilizarse por las informaciones (fórmulas, recetas, técnicas, etc.) vertidas en el texto. Se aconseja, en el caso de problemas específicos —a menudo únicos— de cada lector en particular, que se consulte con una persona cualificada para obtener las informaciones más completas, más exactas y lo más actualizadas posible. EDITORIAL DE VECCHI, S. A. U.

© Editorial De Vecchi, S. A. 2021
© [2021] Confidential Concepts International Ltd., Ireland
Subsidiary company of Confidential Concepts Inc, USA
ISBN: 978-1-64699-657-5

El Código Penal vigente dispone: «Será castigado con la pena de prisión de seis meses a dos años o de multa de seis a veinticuatro meses quien, con ánimo de lucro y en perjuicio de tercero, reproduzca, plagie, distribuya o comunique públicamente, en todo o en parte, una obra literaria, artística o científica, o su transformación, interpretación o ejecución artística fijada en cualquier tipo de soporte o comunicada a través de cualquier medio, sin la autorización de los titulares de los correspondientes derechos de propiedad intelectual o de sus cesionarios. La misma pena se impondrá a quien intencionadamente importe, exporte o almacene ejemplares de dichas obras o producciones o ejecuciones sin la referida autorización». (Artículo 270)

Robert Wilson

500 FRASES EN INGLÉS PARA APRENDER EN 5 DÍAS

De Vecchi

DVE Ediciones

Índice

ÍNDICE

ÍNDICE

ÍNDICE

Introducción

Este libro recoge un completísimo compendio de vocabulario y frases que resulta imprescindible conocer a todo aquel que se plantee visitar un país que tenga el inglés como lengua oficial.

La selección de vocabulario y frases que aquí se recogen ha sido cuidadosamente estudiada, teniendo en cuenta las dos premisas fundamentales que definen la estructura de la obra:

— en primer lugar, se ha pretendido que la realización del proyecto sea en todo momento viable, y para ello se ha buscado el número justo de términos que pueden ser aprendidos a la velocidad que requiere el método;

— por otro lado, la selección de temas se ha llevado a cabo sin perder de vista que el libro pretende ser una guía de conversación para el viajero, y como tal establece los grupos de contenidos en función de las necesidades que a este se le pueden presentar.

Teniendo en cuenta que la memorización juega un papel importante en este aprendizaje, es preciso estudiar sistemáticamente sin interrupción y trabajar bien desde el principio, pero, sobre todo, es necesario no desalentarse frente a las primeras dificultades: no son ciertos todos los comentarios que se oyen con frecuencia, referidos a la dificultad de la lengua y, en particular, de la pronunciación inglesa.

Cualquier persona está capacitada para aprender, con un poco de constancia, voluntad y entusiasmo. Todos los sacrificios quedarán compensados por la satisfacción de entender y hacerse entender prácticamente en todo el mundo, dado que, hoy en día, se habla y se entiende inglés en todos los países.

Pronunciación

Cómo deben leerse las palabras entre corchetes

La pronunciación de las palabras que integran los vocabularios y de las frases se facilita siempre, y se ha colocado entre corchetes. Hemos intentado simplificar al máximo, transcribiendo la palabra tal como se escribiría en español y utilizando algunos convencionalismos para dar una idea aproximada de algunos sonidos ingleses que no tienen equivalencia en nuestro idioma.

Las vocales dobles se leen largas.

Las vocales colocadas entre paréntesis se leen muy breves, casi como si no existieran.

> **eu** se pronuncia como el sonido **eu** francés.

El signo «**:**» indica una **r** apenas pronunciada, produciéndose en este caso una prolongación del sonido de la vocal precedente.

Las consonantes se pronuncian normalmente. No obstante, indicaremos algunas distinciones de sonido:

k	deberá leerse siempre como la **c** española delante de **a, o, u** *(casa, cuna)*.
ch	deberá leerse siempre **ch**, como en español *mucho*.
s	se deberá leer siempre como la **s** inicial española *(sal)*.
z	se deberá leer siempre como la **s** sonora española *(desde)*.
j	no tiene equivalencia en español. Se leerá como la palabra francesa *bijou*.
h	indica siempre una aspiración al principio de palabra.
g y **gh**	en medio o al principio de palabra se leen generalmente como la **g** española delante de **a, o, u** o como la **j** de la palabra francesa *bijou*. En posición final de palabra, la **g** se lee como la **j** francesa y el sonido **gh** equivale al español **gu** delante de las vocales **e, i**.
n'	se lee **n** nasal como en el español *fango* pronunciado sin la **o** final.
sh	tiene un sonido equivalente al de la **ch** francesa de *chapeau*.
d y **t**	se pronuncian casi siempre apoyando la lengua contra el paladar.
th	tiene dos sonidos distintos equivalentes aproximadamente a la **z** española de *pozo* y a la **d** de *gordo*. El segundo de estos sonidos es sonoro y se pronuncia apoyando la lengua con fuerza contra los dientes.

Los grupos **ska, ske, ski, sko, sku** se leen con la **c** fuerte, como en la palabra francesa *scandal*.

Por lo que se refiere al acento, hemos utilizado dos: **è** y **é**; el primero de ellos, para los casos en que la vocal tenga un sonido breve, y el segundo, para indicar un sonido más prolongado.

Reglas fundamentales de pronunciación

Nos limitaremos a las reglas esenciales, confiando, sobre todo, en la transcripción de las palabras.

El alfabeto inglés consta de 26 letras que indicaremos a continuación, junto con su correspondiente sonido figurado.

a	**b**	**c**	**d**	**e**	**f**	**g**	**h**	**i**
[ei]	[bii]	[sii]	[dii]	[ii]	[ef]	[yi]	[eitch]	[a i]

j	**k**	**l**	**m**	**n**	**o**	**p**	**q**	**r**
[yiei]	[kei]	[el]	[em]	[en]	[ou]	[pi]	[kiuu]	[a :]

s	**t**	**u**	**v**	**w**	**x**	**y**	**z**
[es]	[tii]	[iuu]	[vii]	[dab(l)iuu]	[eks]	[uai]	[sed]

Las vocales inglesas no siempre tienen el mismo sonido.

Se puede decir que únicamente mantienen el sonido alfabético en tres casos:

— cuando se encuentran al final de una sílaba acentuada;
— a principio de palabra, cuando constituyen una sílaba por sí mismas;
— cuando les sigue una consonante que, a su vez, va seguida de una **e**.

Sonido de las principales vocales dobles y de los diptongos

ee   se lee *ii* (i larga)
oo   se lee *u* o bien *uu*
ais, ay   se leen *ei*
ea   se puede leer *ii*, e, *eu*
ei   se lee *ei*
ey   se lee *ei*, *i*
ew   se lee *iu* (*u*, si le precede una *r*)
oa, oe   se leen *ou*
ow   se lee *au*, *ou*
ou   se lee *au*, *a*, *u*

Por lo que se refiere a las consonantes, nos limitaremos a las indicaciones siguientes:

ph   se pronuncia *f*
sc   se pronuncia s, delante de e, *i*, *y*
k   no se lee delante de *n*
w   no se lee delante de *r*

El acento suele caer sobre la primera parte de la palabra.

Primera lección

Desenvolverse bien en el país al que se viaja, sin que la lengua se convierta en un impedimento para la comunicación, constituye un elemento esencial para disfrutar plenamente del viaje.

Esta lección aborda el principio de la aventura y presenta una cuidada selección del vocabulario más útil y las frases en inglés habituales para desenvolverse con soltura en el aeropuerto, la estación, el puerto..., y durante la estancia en el hotel.

Sesión de mañana
De viaje

Vocabulario

custom-house [kastomhaus] aduana	*aeroplane* [er(e)plein] avión	*to land* [tu lènd] aterrizar
passport [paasport] pasaporte	*on board* [on bóard] a bordo	*tourist class* [tuùrist klaas] clase turista
customs duties [kastomz diuutis] derechos de aduana	*to take off* [tu teik of] despegar	*passenger list* [pàesindze: list] lista de pasajeros

arrivals [araiv(e)ls] llegadas	*cabin* [kaebin] camarote	*spare wheel* [spé: uiil] rueda de recambio
departures [dipa:tshe:s] salidas	*cruise* [kruuz] crucero	*petrol gauge* [petr(o)l geidz] indicador de gasolina
platform [pláetform] andén	*berth* [bè:th] litera	*motor* [mòute:] motor
track [tràek] vía	*port* [po:t] puerto	*clutch* [klatsh] embrague
ticket office [tíket ófis] taquilla	*car* [kaa:] coche	*lamps* [lèmps] faros

passenger liner
[pàesindze: laine:]
barco de pasajeros

Frases

En la aduana

Passport, please.
[paasport, pliiz]
Por favor, su pasaporte.

Have you anything to declare?
[hèv iuu enìthin' tu diklee:?]
¿Tiene algo que declarar?

Nothing.
[nathin']
Nada.

Where is the exchange office?
[uea: iz th(e) exchéins ófis?]
¿Dónde está la oficina de cambio?

What is the purpose of your journey?
[uot iz th(e) pè:p(e)s ov ioo: dzè:ni?]
¿Cuál es el objeto de su viaje?

I expect to stay… days in this country.
[ai ikspekt tu stei… dèis in thìs kàntri]
Pienso estar… días en este país.

Please open this suitcase.
[pliiz òupen thìs suitkeis]
Haga el favor de abrir esta maleta.

Must I open this small bag?
[mast ai òupen thìs smool bag?]
¿Debo abrir el maletín?

En el aeropuerto

Will Pan Am passengers on flight 382 please go to gate 25.
[uil pàen àem pàesindze:s on flait thrii eit tuu pliiz góu tu geit tuentifàiv]
Se ruega a los pasajeros del vuelo 382 de Pan Am que se
presenten en la puerta 25.

There is a gate change for SAS flight 15 from Copenhagen.
[thee: iz a geit cheinth foor eseies flait fiftiin from koupen'heigen]
Hay un cambio de puerta para el vuelo 15 de SAS procedente de Copenhague.

Iberia announces the departure of Flight 976 to New York.
[aibierie anauns th(e) dipa:tshe: ov flait nain sev(e)n siks tu niuiork]
Iberia anuncia la salida del vuelo 976 a Nueva York.

Please have your boarding cards ready.
[pliiz hèv ioo: boárding kárds redi]
Tengan a la vista las tarjetas de embarque.

May I see your ticket and your passport, please?
[méi ai sii ioo: tíket àend ioo: paasport, pliiz?]
¿Puedo ver su billete y su pasaporte, por favor?

How many suitcases have you got?
[hau meni suitkeis(e)s hèv iuu got?]
¿Cuántas maletas tiene?

Which suitcases are yours?
[uitsh suitkeis(e)s aa: iooz?]
¿Cuáles son sus maletas?

Air France passengers on flight 37 from Paris will be arriving at gate 9.
[ee: fráns pàesindze:s on flait thè:tisev(e)n from pàeris uil bii araivin' àet geit nain]
Los pasajeros del vuelo 37 de Air France procedente de París entrarán por la puerta 9.

United flight 28 will be boarding at 10.30.
[iunaitid flait tuentieit uil bii boárding àet ten thè:ti]
El vuelo 28 de United embarcará a las 10.30.

PRIMERA LECCIÓN

En el tren

Is there a restaurant car on the train?
[iz thee: a rest(e)ront kaa: on th(e) trein?]
¿Hay vagón restaurante en el tren?

Which platform does the train leave from?
[uitsh pláetform daz th(e) trein lív from?]
¿Dé qué andén sale el tren?

What time does the train from… arrive?
[uot taim daz th(e) trein from… araiv?]
¿A qué hora llega el tren procedente de…?

We want to reserve four couchettes.
[uii uent tu rizeu:v foo kuushets]
Queremos reservar cuatro literas.

We want a non-smoking compartment.
[uii uent a nonsmòukin' kopaa:tment]
Quiero un departamento de no fumadores.

Is this seat free?
[iz thìs síit frñ?]
¿Está libre este asiento?

This seat is taken.
[thìs síit iz teik(e)n]
Este asiento está ocupado.

Is this the train to…?
[iz thìs th(e) trein tu…?]
¿Es este el tren con destino a…?

Is there a direct train to…?
[iz thee: a direkt trein tu…?]
¿Hay un tren directo a…?

En el barco

Is there car ferry service between… and…?
[iz thee: kaa: feri sèu:vis bituiin… àend…?]
¿Hay servicio de *ferry* entre… y…?

What time does the boat leave / arrive?
[uot taim daz th(e) bòut lív / araiv?]
¿A qué hora sale / llega el barco?

We want a place for six passengers and two cars.
[uii uent a pleis foor siks pàesindze:s àend tuu ka:s]
Queremos una plaza para seis pasajeros y dos coches.

How long is the trip?
[hau lon' iz th(e) trip?]
¿Cuánto tiempo dura el viaje?

What time must we be on board?
[uot taim mast uii bii on bóard?]
¿A qué hora hay que estar a bordo?

How long will we be in port?
[hau lon' uil uii bii in po:t?]
¿Cuánto tiempo estaremos en el puerto?

I want to reserve two first-class cabins.
[ai uent tu rizeu:v tuu feu:stklas kaebins]
Quiero reservar dos camarotes de primera.

When does the next boat leave?
[uen daz th(e) nekst bòut lív?]
¿Cuándo sale el próximo barco?

How many berths are there in the cabin?
[hau meni bè:ths aa: thee: in th(e) kaebin?]
¿Cuántas literas hay en la cabina?

It was a pleasant crossing.
[it uoz a plez(e)nt krosin']
Fue una travesía agradable.

En coche

What time does the garage open?
[uot taim daz th(e) géreish òupen?]
¿A qué hora abre el garaje?

Do you accept traveller's cheques?
[du iuu aksept trev(e)le: cheks?]
¿Aceptan cheques de viaje?

How much will it cost to…?
[hau matsh uil it kost tu…?]
¿Cuánto costará para…?

How long will it take to…?
[hau lon' uil it teik tu…?]
¿Cuánto tiempo tardará en…?

Is there a mechanic available?
[iz thee: a mikaenik aveilab(e)l?]
¿Hay un mecánico disponible?

Clean the windscreen, please.
[kliin th(e) uindskriin, pliiz]
Limpie el parabrisas, por favor.

Fill it up, please.
[fil it ap, pliiz]
Llénelo, por favor.

Could you look at the...?
[kud iuu lúuk àet th(e)...?]
¿Podría mirar el...?

Can you fix it today?
[kaen iuu fiks it tùdei?]
¿Puede arreglarlo hoy?

Can you change the oil, please?
[kaen iuu cheinth th(e) oil, pliiz?]
¿Puede cambiar el aceite, por favor?

Can you check the tyre pressure?
[kaen iuu chék th(e) taiè: preshe:?]
¿Puede comprobar el aire de las ruedas?

Can I leave the car here?
[kaen ai lív th(e) kaa: hie:?]
¿Puedo dejar el coche aquí?

Please check the brakes.
[pliiz chék th(e) breiks]
Revise los frenos, por favor.

Do you sell road maps?
[du iuu sel rèud maeps?]
¿Venden mapas de carreteras?

Sesión de tarde
Alojamiento

Vocabulario

lift
[lift]
ascensor

cot
[kot]
cuna

balcony / view
[bèlk(o)ni / viuu]
balcón / vista

breakfast included
[brèkfast inklúd(e)d]
desayuno incluido

bath / shower
[bath / shaue:]
baño / ducha

bedroom
[bedruum]
habitación

bed
[bed]
cama

double room
[dábelruum]
habitación doble

a double bed
[a dábel bed]
cama de matrimonio

a room in the front / in the back
[a ruum in th(e) frónt / in th(e) bak]
habitación exterior / interior

no vacancies
[nòu veikansis]
completo

single room
[sin'g(e)l ruum]
habitación sencilla

bathroom
[bathruum]
cuarto de baño

half board
[háf bóard]
media pensión

full board [ful bóard] pensión completa	*an extra bed* [àen ekstra bed] una cama supletoria	*towels* [tau(e)ls] toallas
tip [tip] propina	*foyer* [foie] vestíbulo	*luggage* [làgghij] equipaje
lounge [laundz] salón	*porter* [poota:] botones	*messages* [mesidz(e)s] mensajes
room service [ruum sèu:vis] servicio de habitaciones	*safe* [seif] caja fuerte	

Frases

En el hotel

I want to reserve a single room with shower for three nights.
[ai uent tu rizeu:v a sin'g(e)l ruum uíz shaue: foor thrii nàits]
Quiero reservar una habitación sencilla para tres noches.

We have reserved two double rooms.
[uii hèv rizeu:v(e)d tuu dábel ruums]
Hemos reservado dos habitaciones dobles.

Please, have you any room free?
[pliiz, hèv iuu eni ruum frî?]
Por favor, ¿tienen habitaciones libres?

For one person.
[foor uan pèu:s(e)n]
Para una persona.

Do you have a room for tonight?
[du iuu hèv a ruum foor tùnait?]
¿Tiene una habitación para esta noche?

Do you have a room to let?
[du iuu hèv a ruum tu let?]
¿Tiene una habitación para alquilar?

I have not made a reservation.
[ai hèv not meid a reze:veish(e)n]
No he hecho reserva.

Yes, sir, do you want a double-room or a single-room?
[ies, sè:, du iuu uent a dábelruum o: a sin'g(e)lruum?]
Sí, señor, ¿desea una habitación doble o una habitación individual?

I wont a very quiet room. Have you got one?
[ai uòunt a veri kuai(e)t ruum. hèv iuu got uan?]
Deseo una habitación muy tranquila. ¿Tiene usted una?

I want a room with a view.
[ai uent a ruum uíz a viuu]
Quiero una habitación con vistas.

I want an outside / inside room.
[ai uent àen autsaid / insaid ruum]
Desearía una habitación exterior / interior).

Do you want only the room, half board or full board?
[du iuu uent òunli th(e) ruum, háf bóard o: ful bóard?]
¿Desea la habitación sola, media pensión o pensión completa?

Breakfast included?
[brèkfast inklúd(e)d?]
¿Incluido el desayuno?

How long will you stay here?
[hau lon' uil iuu stei hie:?]
¿Cuánto tiempo estará usted aquí?

We will be staying for five days.
[uii uil bii steiin' foor fàiv dèis]
Estaremos durante cinco días.

A few days. A month.
[a fiuu dèis. a manth]
Pocos días. Un mes.

Until the end of September.
[antil th(e) end ov septembè:]
Hasta finales de septiembre.

How much is it a day?
[hau matsh iz it a dèi?]
¿Cuánto cuesta al día?

Is there television / internet in the room?
[iz thee: televiz(e)n / inteu:net in th(e) ruum?]
¿Hay televisión / internet en la habitación?

May I see the room?
[méi ai sii th(e) ruum?]
¿Puedo ver la habitación?

Can you put, please, an extra bed in the room?
[kaen iuu put, pliiz, àen ekstra bed in th(e) ruum?]
¿Pueden poner, por favor, una cama supletoria en la habitación?

Does the price include VAT / service?
[daz th(e) prais inklúd viieitii / sèu:vis?]
¿Está el IVA / servicio incluido en el precio?

Would you sign the register, please?
[uud iuu sain th(e) redziste:, pliiz?]
¿Puede firmar en el registro, por favor?

The porter will take now your luggage to your room.
[th(e) poota: uil teik nau ioo: làgghij tu ioo: ruum]
El botones llevará su equipaje a su habitación ahora mismo.

This way, please sir. Step into the lift.
[thìs uei pliiz sè:. step intuu th(e) lift]
Pase por aquí, señor. Haga el favor de entrar en el ascensor.

Where is the bath?
[uea: iz th(e) bath?]
¿Dónde está el baño?

At what time shall I call you, sir?
[àet uot taim shàel ai kól iuu, sè:?]
¿A qué hora tengo que llamarle, señor?

Please, call me at seven.
[pliiz, kól mí àet sev(e)n]
Por favor, llámeme a las siete.

I want a call at seven tomorrow morning.
[ai uent a kól àet sev(e)n tùmorou mòonin']
Quiero que me llamen a las siete mañana por la mañana.

All right. Good night.
[ol rait. gud nàit]
Muy bien. Buenas noches.

Are there any messages for me?
[aa: thee: eni mesidz(e)s foor mí?]
¿Hay algún mensaje para mí?

Can I leave my valuables in your safe?
[kaen ai lív mai vàeliueb(e)l in ioo: seif?]
¿Puedo dejar mis objetos de valor en la caja fuerte?

Does the hotel have its own garage?
[daz th(e) hòutel hèv its òun géreish?]
¿Tiene el hotel garaje propio?

Does the hotel have conference facilities?
[daz th(e) hòutel hèv kanf(e)r(e)ns fesilitis?]
¿Se pueden celebrar conferencias en el hotel?

How far is the hotel from the airport / city centre?
[hau fa: iz th(e) hòutel from th(e) ee:pot / siti sente:?]
¿A qué distancia está el hotel del aeropuerto / centro de la ciudad?

There is no soap in the bathroom.
[thee: iz nòu sòup in th(e) bathruum]
No hay jabón en el cuarto de baño.

I need more blankets / hangers / towels in my room.
[ai níd móo: blan'kits / haen'e: / tau(e)ls in mai ruum]
Necesito más mantas / perchas / toallas en mi habitación.

Can you wash / iron these for me?
[kaen iuu uòsh / aien thìis foor mí?]
¿Puede lavarme / plancharme esto?

The television / air conditioned in my room doesn't work.
[th(e) teliviz(e)n / ee: kon'dishion(e)d in mai ruum daz(e)nt uè:k]
El televisor / aire acondicionado de mi habitación no funciona.

I left my keys in my room.
[ai left mai kís in mai ruum]
He dejado mis llaves en mi habitación.

What time does the car / coffee shop close?
[uot taim daz th(e) kaa: / kofii shop kl(e)uz?]
¿A qué hora cierra el bar / la cafetería?

I would like breakfast in my room.
[ai uud laik brèkfast in mai ruum]
Desearía tomar el desayuno en mi habitación.

If there are any messages / calls for me, I will be in the bar.
[if thee: aa: eni mesidz(e)s / kols foor mí, ai uil bii in th(e) baa:]
Si hay algún mensaje / llamadas para mí, estaré en el bar.

I will be back at the hotel at eight o'clock.
[ai uil bii bak àet th(e) hòutel àet eit oklok]
Volveré al hotel a las ocho.

I am afraid we have no rooms available.
[ai àem afreid uii hèv nòu ruums aveilab(e)l]
Me temo que no tenemos habitaciones disponibles.

Could you have my bill ready tomorrow?
[kud iuu hèv mai bil redi tùmorou?]
¿Podría tener preparada mi cuenta para mañana?

I will be leaving about twelve o'clock.
[ai uil bii lívin' abaut tuelfth oklok]
Me iré alrededor de las doce.

I believe there is a mistake in the bill.
[ai biliiv thee: iz a mistéik in th(e) bil]
Creo que hay un error en la cuenta.

When will the bill be ready?
[uen uil th(e) bil bii redi?]
¿Cuándo estará preparada la cuenta?

I'd like the porter to take my luggage to the taxi.
[aid laik th(e) poota: tu teik mai làgghij tu th(e) tàeksi]
Quiero que el mozo lleve mi equipaje al taxi.

Segunda lección

Una vez se ha llegado al lugar de destino, surgen nuevas situaciones comunicativas que requieren un manejo fluido del inglés. En esta lección se muestran el vocabulario y las frases indispensables para presentarse, pedir una dirección, preguntar horarios, desplazarse por la ciudad sin ningún problema..., junto con una serie de fórmulas de cortesía muy útiles en cualquier circunstancia.

Sesión de mañana
Frases usuales

Vocabulario

name [nèim] nombre	*single* [sin'g(e)l] soltero	*profession* [profesh(e)n] profesión	*two* [tuu] dos
surname [sè:neim] apellido	*married* [marid] casado	*address* [adres] dirección	*three* [thrii] tres
age [eidz] edad	*widower* [uidòue:] viudo	*one* [uan] uno	*four* [foo] cuatro

five	*nine*	*snow*	*rain*
[fàiv]	[nain]	[snòu]	[réin]
cinco	nueve	nieve	lluvia
six	*ten*	*closed*	*wind*
[siks]	[ten]	[kl(e)uzd]	[uind]
seis	diez	cerrado	viento
seven	*warm*	*open*	*temperature*
[sev(e)n]	[uoo:m]	[òupen]	[tempritshe:]
siete	calor	abierto	temperatura
eight			
[eit]			
ocho			

Frases

Presentaciones

What is your name?
[uot iz ioo: nèim?]
¿Cómo se llama usted?

My name is…
[mai nèim iz…]
Me llamo…

Glad to meet you.
[glad tu míit iuu]
Encantado de conocerle.

I hope to see you again.
[ai hòup tu sii iuu agen]
Espero verle de nuevo.

Who are you?
[huu aa: iuu?]
¿Quién es usted?

Oh! Is that you?
[òu! iz thàt iuu?]
¡Ah! ¿Es usted?

I am…
[ai àem…]
Yo soy…

Where do you live?
[uea: du iuu liv?]
¿Dónde vive?

Datos personales

Name and surname, please.
[nèim àend sè:neim, pliiz]
Su nombre y apellido, por favor.

Age.
[eidz]
Edad.

Thirty.
[thè:ti]
Treinta años.

Married / single / widower.
[marid, sin'g(e)l, uidòue:]
Casado / soltero / viudo.

Your profession?
[ioo: profesh(e)n?]
¿Su profesión?

What is your address?
[uot iz ioo: adres?]
¿Cuál es su dirección?

My address is…
[mai adres iz…]
Mi dirección es…

Frases de cortesía

What can I do for you?
[uot kaen ai du foor iuu?]
¿Qué puedo hacer por usted?

Thank you.
[thén'k iuu]
Gracias.

Many thanks.
[meni thén'ks]
Muchas gracias.

I beg you.
[ai beg iuu]
Se lo ruego.

With pleasure.
[uíz pleze:]
Con mucho gusto.

Excuse me.
[ikskiuuz mí]
Disculpe.

Did you have a good night?
[did iuu hèv a gud nàit?]
¿Qué tal ha pasado la noche?

Excuse me. I'm in a hurry.
[ikskiuuz mí. aim in a hari]
Perdóneme, tengo prisa.

I'm glad to hear it.
[aim glad tu hie: it]
Me alegro mucho.

Horarios

What time does the museum / the shop / the restaurant open?
[uot taim daz th(e) miuziùm / th(e) shop / th(e) rest(e)ront òupen?]
¿A qué hora abre el museo / la tienda / el restaurante?

What time does the office close?
[uot taim daz th(e) ófis kl(e)uz?]
¿A qué hora cierra la oficina?

What time does the train / plane / bus arrive?
[uot taim daz th(e) trein / plein / bas araiv?]
¿A qué hora llega el tren / el avión / el autobús?

What time does the train / plane / bus leave?
[uot taim daz th(e) trein / plein / bas lív?]
¿A qué hora sale el tren / el avión / el autobús?

Do you close for lunch?
[du iuu kl(e)uz foor lànch?]
¿Cierran ustedes al mediodía?

The bank opens at nine o'clock.
[th(e) ban'k òupens àet nain oklok]
El banco abre a las nueve.

The tourist office closes at 7.00.
[th(e) tuùrist ófis kl(e)us(e)s àet sev(e)n]
La oficina de turismo cierra a las siete.

Is the shop open / closed?
[iz th(e) shop òupen / kl(e)uzd?]
¿Está abierta / cerrada la tienda?

Are you open on Sundays?
[aa: iuu òupen on sandis?]
¿Abren ustedes los domingos?

I don't have time.
[ai dont hèv taim]
No tengo tiempo.

It is one o'clock.
[it iz uan oklok]
Es la una en punto.

Meteorología

How's the weather?
[haus th(e) uethè:?]
¿Qué tiempo suele hacer?

What's the weather like?
[uots th(e) uethè: laik?]
¿Qué tiempo hace?

It's a lovely day.
[its a lavli dèi]
Hace buen día.

What's the temperature?
[uots th(e) tempritshe:?]
¿Cuál es la temperatura?

Do you think it will rain / snow?
[du iuu think it uil réin / snòu?]
¿Cree que va a llover / nevar?

Its was raining when I went out.
[its uoz réinin' uen ai uent aut]
Llovía cuando salí.

It's pouring.
[its porin']
Está lloviendo a cántaros.

It's foggy.
[its fogi]
Hay niebla.

The wind is blowing hard.
[th(e) uind iz blòuin' haa:d]
Hace mucho viento.

It's warm.
[its uoo:m]
Hace un poco de calor.

Will it be hot tomorrow?
[uil it bii hot tùmorou?]
¿Hará calor mañana?

Does it snow a lot here?
[daz it snòu a lot hie:?]
¿Suele nevar mucho aquí?

How is the weather in spring?
[hau iz th(e) uethè: in spring?]
¿Qué tiempo hace en primavera?

To be frozen stiff.
[tu bii fròuz(e)n stif]
Estar helado.

To get one's feet wet.
[tu get uans fiit uet]
Mojarse los pies.

Sesión de tarde
Desplazamientos urbanos

Vocabulario

town [taun] ciudad	*station* [steish(e)n] estación	*right* [rait] derecha	*park* [paa:k] parque
street [striit] calle	*ticket* [tíket] billete	*straight* [streit] recto	*church* [chè:ch] iglesia
square [skuee:] plaza	*near* [nie:] cerca	*typical* [tipik(e)l] típico	*avenue* [aviniuu] avenida
underground [andè:graund] metro	*far* [fa:] lejos	*district* [distrikt] barrio	*consulate* [konsiulit] consulado
building [bildin'] edificio	*corner* [ko:ne:] esquina	*museum* [miuziùm] museo	*theatre* [thiète:] teatro
bus [bas] autobús	*left* [left] izquierda	*monuments* [moniumènts] monumentos	*map* [maep] mapa
route [ruut] trayecto			

En la ciudad

What typical spots are there in the town, please?
[uot tipik(e)l spots aa: thee: in th(e) taun, pliiz?]
¿Haría el favor de decirme qué lugares típicos hay en la ciudad?

There are several. I would recommend you to visit the district…
[thee: aa: sev(e)rel. ai uud rekèmend iuu tu vizit th(e) distrikt…]
Existen varios. Le recomiendo que visite el barrio…

What museums, monuments, noteworthy buildings, parks, are there in the town?
[uot miuziùms, moniumènts, nòutuè:thi bildin's, paa:ks, aa: thee: in th(e) taun?]
¿Qué museos, monumentos, edificios notables y parques hay en la ciudad?

Is the Museum far?
[iz th(e) miuziùm fa:?]
¿Está muy lejos el museo?

Can you tell me on what days and at what time it is open?
[kaen iuu tel mí on uot dèis àend àet uot taim it iz òupen?]
¿Podría indicarme los días y horas de visita?

In what style is this building, this church?
[in uot stail iz thìs bildin', thìs chè:ch?]
¿Qué estilo tiene este edificio, esta iglesia?

I should like to visit the Fine Arts Museum.
[ai shud laik tu vizit th(e) fain aa:ts miuziùm]
Desearía visitar el museo de bellas artes.

Where are you going?
[uea: aa: iuu gòuin'?]
¿Adónde va usted?

To… street, avenue, square.
[tu… striit, aviniuu, skuee:]
A la calle, avenida, plaza…

Where does this bus go to?
[uea: daz thìs bas góu tu?]
¿Adónde va este autobús?

Take the one behind.
[teik th(e) uan bihaind]
Tome usted el siguiente.

The underground is the fastest, and it leaves you very near.
[th(e) andè:graund iz th(e) faast(e)st, àend it lívs iuu veri nie:]
El metro es muy rápido y le deja cerca.

Pedir direcciones

How far is it to…?
[hau fa: iz it tu…?]
¿Qué distancia hay hasta…?

About how far is it?
[abaut hau fa: iz it?]
¿Qué distancia hay?

Where is…?
[uea: iz…?]
¿Dónde está…?

Is it far / near?
[iz it fa: / nie:?]
¿Está lejos / cerca?

Excuse me. Is… square far from here?
[ikskiuuz mí. Iz… skuee: fa: from hie:?]
Perdone, ¿está muy lejos la plaza…?

No, sir, round that corner.
[nòu sè:, raund thàt ko:ne:]
No, señor, al doblar aquella esquina.

Can you tell me where the… consulate is?
[kaen iuu tel mí uea: th(e)… konsiulit iz?]
¿Puede decirme dónde está el consulado…?

How can I get there?
[hau kaen ai get thee:?]
¿Cómo puedo llegar allí?

How can I get to the theatre?
[hau kaen ai get tu th(e) thiète:?]
¿Cómo puedo llegar al teatro?

How do I get to…?
[hau du ai get tu…?]
¿Por dónde se va a…?

Can you show me on the map?
[kaen iuu shòu mí on th(e) maep?]
¿Puede mostrármelo en el mapa?

Is there a freeway / scenic road?
[iz thee: a fríuei / sínik rèud?]
¿Hay una autopista / carretera pintoresca?

Turn right / left at the traffic light.
[tè:n rait / left àet th(e) tráfik lait]
Gire a la derecha / izquierda en el semáforo.

Go straight ahead.
[góu streit ahed]
Siga todo derecho (recto).

It's on the right / left.
[its on th(e) rait / left]
Está a la derecha / izquierda.

Go back to…
[góu bak tu…]
Vuelva a…

Transporte urbano

Taxi! Are you free?
[tàeksi! aa: iuu fri?]
¡Taxi! ¿Está libre?

Take me to… street, No…
[teik mí tu… striit, nambe:…]
Lléveme a la calle…, número…

Take the shortest route.
[teik th(e) sho:t(e)st ruut]
Vaya por el camino más corto.

Go faster.
[góu faaste:]
Vaya más deprisa.

Go slowly / quickly.
[góu slòuli / kuikli]
Vaya usted despacio / deprisa.

We are going to have a drive through the principal streets.
[uii aa: gòuin' tu hèv a draiv thruu th(e) prinsip(e)l striits]
Vamos a dar un paseo por las calles principales.

To the station.
[tu th(e) steish(e)n]
A la estación.

How much do I owe you?
[hau matsh du ai òu iuu?]
¿Cuánto le debo?

What does the meter say?
[uot daz th(e) miite: sei?]
¿Cuánto marca el taxímetro?

How far is it to street…?
[hau fa: iz it tu striit…?]
¿Qué distancia hay de aquí a la calle…?

What is the best way to go to…?
[uot iz th(e) best uei tu góu tu…?]
Para ir a…, ¿qué medio de transporte me aconseja?

The underground is the fastest.
[th(e) andè:graund iz th(e) faast(e)st]
El metro es muy rápido.

Where do I take it?
[uea: du ai teik it?]
¿Dónde se coge?

At the first corner you will see the way in.
[àet th(e) fè:st ko:ne: iuu uil sii th(e) uei in]
En la primera esquina encontrará la entrada.

Is it far? At what station must I get out?
[iz it fa:? àet uot steish(e)n mast ai get aut?]
¿Está lejos? ¿En qué estación he de bajar?

It's near. The third station.
[its nie:. th(e) theu:d steish(e)n]
Está cerca. Es la tercera estación.

Where does this bus go to?
[uea: daz thìs bas góu tu?]
¿Adónde va este autobús?

Does this tram go to the port?
[daz thìs tràem góu tu th(e) po:t?]
¿Este tranvía va al puerto?

Yes, sir. / No, sir, but it drops you very near to it.
[ies, sè: / nòu, sè: bat it drops iuu veri nie: tu it]
Sí, señor. / No, señor, pero le dejará muy cerca.

Three tickets. How much is it?
[thrii tíkets. hau matsh iz it?]
Deme tres billetes. ¿Cuánto es?

Please, give me a ticket to…
[pliiz, gif mí a tíket tu…]
Por favor, deme un billete para…

Stop at the first stop.
[stop àet th(e) fè:st stop]
Deténgase en la primera parada.

Tercera lección

El ocio y las compras suelen ser ocupaciones muy habituales del viajero. En esta lección se recogen las palabras y frases inglesas indispensables para ir de tiendas por la ciudad, concertar una visita guiada, reservar mesa en un restaurante y comprar entradas para un espectáculo, entre otras muchas actividades, además de un compendio de frases indispensables para ir de *camping* sin dificultades.

Sesión de mañana
De tiendas

Vocabulario

shopping	*department*	*sale*
[shopin']	[dipa:tm(e)nt]	[seil]
de compras	departamento, sección	rebajas
lift	*to pay by cheque*	*shoe*
[lift]	[tu péi bai chek]	[shùu]
ascensor	pagar con cheque	zapato
cash desk	*to pay cash*	*trousers*
[kaesh desk]	[tu péi kaesh]	[trauzers]
caja	pagar en efectivo	pantalones

dress [drés] vestido	*guide book* [gaid buk] guía	*black* [blak] negro
sizes [saiz(e)z] tallas	*magazine* [maegezin] revista	*white* [uait] blanco
wristwatch [ristuotsh] reloj de pulsera	*news stand* [niuuz stàend] puesto de periódicos	*red* [red] rojo
clock [klok] reloj de pared	*record* [reko:d] disco	*blue* [bluu] azul
ring [rin'] anillo	*book* [buk] libro	*green* [gniin] verde

writing paper
[raitin' péipe:]
papel de carta

Frases

De compras

Where is the… department?
[uea: iz th(e)… dipa:tm(e)nt?]
¿Dónde está la sección de…?

Where can I find…?
[uea: kaen ai faind…?]
¿Dónde puedo encontrar…?

How much are they?
[hau matsh aa: thei?]
¿Cuánto cuestan?

Do you want anything else?
[du iuu uent enithin' els?]
¿Quiere algo más?

No, that will be all.
[nòu, thàt uil bii ol]
No, es todo.

Will you pay by cheque or in cash?
[uil iuu péi bai chek o: in kaesh?]
¿Pagará con cheque o en efectivo?

I'll pay cash.
[ail péi kaesh]
Pagaré en efectivo.

Comprando ropa

Can you help me?
[kaen iuu help mí?]
¿Puede ayudarme?

Can you show me…?
[kaen iuu shòu mí…?]
¿Puede enseñarme…?

I'm just looking.
[aim dzast lúukin']
Sólo estoy mirando.

I like this dress.
[ai laik thìs drés]
Me gusta este vestido.

I'd like this blouse in another colour.
[aid laik thìs blauz in anathe: kal(e):]
Me gusta esta blusa en otro color.

I don't like this one.
[ai dont laik thìs uan]
Este no me gusta.

I need a larger / smaller size.
[ai níd a lá:dze: / smoole: sais]
Necesito una talla mayor / menor.

This is too big / small / long / short.
[thìs iz tuu big / smool / lon' / shot]
Es demasiado grande / pequeño / largo / corto.

Do you have this in green?
[du iuu hèv thìs in griin?]
¿Lo tiene en verde?

I want a darker / lighter colour.
[ai uent a dá:k(e): / laite: kal(e):]
Quiero un color más oscuro / claro.

I'd like to see some black boots.
[aid laik tu sii sam blak buuts]
Me gustaría ver algunas botas negras.

Where can I try on this blouse?
[uea: kaen ai trai on thìs blauz?]
¿Dónde puedo probarme esta blusa?

Do you have anything less expensive?
[du iuu hèv enithin' les ikspensif?]
¿Tiene algo menos caro?

What are these shirts made of?
[uot aa: thìis shèu:t meid ov?]
¿De qué tejido son estas camisas?

I think I wear size 20.
[ai think ai ueè: sais tuenti]
Creo que uso la talla 20.

I don't know my size in this country.
[ai dont nòu mai sais in thìs kàntri]
No sé mi talla en este país.

I like the one in the window.
[ai laik th(e) uan in th(e) uindou]
Me gusta el del escaparate.

Comprando zapatos

I'd like to see the shoes you have in the window.
[aid laik tu sii th(e) shùus iuu hèv in th(e) uindou]
Me gustaría ver los zapatos que tienen en el escaparate.

The hell is too high (low).
[th(e) hel iz tuu hai (lòu)]
El tacón es demasiado alto (bajo).

These shoes are too wide / narrow.
[thìis shùus aa: tuu uaid / nàeròu]
Estos zapatos son demasiado anchos / estrechos.

It doesn't fit.
[it daz(e)nt fit]
No me gusta.

That's not what I want.
[thàts not uot ai uent]
No es el que quiero.

I'll take it (them).
[ail teik it (dem)]
Me lo (los) llevo.

Can this dress be altered?
[kaen thìs drés bii olter(e)d?]
¿Se puede retocar este vestido?

May I please have a receipt?
[méi ai pliiz hèv a risít?]
¿Me da un recibo, por favor?

En la joyería

Can you repair this watch?
[kaen iuu ripee: thìs uotsh?]
¿Puede arreglar este reloj?

Please, show me some wrist watches.
[pliiz, shòu mí sam rist uotsh(e)s]
Por favor, enséñeme relojes de pulsera.

I want to see pearl earrings / rings / pendants / chokers.
[ai uent tu sii pèu:l ierin's / rin's / pendent / ch(e)uke:]
Quiero ver pendientes / sortijas / colgantes / gargantillas de perlas.

What kind of stone is this?
[uot kaind ov stoun iz thìs?]
¿Qué tipo de piedra es?

The chain is too long / short.
[th(e) chein iz tuu lon' / shot]
La cadena es demasiado larga / corta.

En la papelería

I'd like to see some maps / postcards / guidebooks of the city.
[aid laik tu sii sam maeps / pòustca:ds / gaidbuk ov th(e) siti]
Quiero ver algunos mapas / postales / guías de la ciudad.

Do you have an entertainment guide?
[du iuu hèv àen ente:teinment gaid?]
¿Tiene alguna guía de ocio?

Where are the foreign magazines / newspapers / books?
[uea: aa: th(e) forin maegezins / niúzpeipe: / buks?]
¿Dónde están las revistas / periódicos / libros extranjeros?

I want a book on…
[ai uent a buk on…]
Quiero un libro sobre…

Where is the travel / history / poetry section?
[uea: iz th(e) trev(e)l / hist(e)ri / pòuitri seksh(e)n?]
¿Dónde está la sección de libros de viaje / historia / poesía?

I need writing paper and envelopes.
[ai níd raitin' péipe: àend envelòups]
Necesito papel y sobres.

Do you have the latest edition / issue of…?
[du iuu hèv th(e) leitist idishen / ishju ov…?]
¿Tiene la última edición / el ejemplar más reciente de…?

I'd like a road map of…
[aid laik a rèud maep ov…]
Quiero un mapa de carreteras de…

Comprando música

Do you have any records / CD by…?
[du iuu hèv eni reko:ds / si di bai…?]
¿Tiene algunos discos / CD de…?

I'd like to hear some folk / regional music.
[aid laik tu hie: sam fòuk / rídzen(e)l miusik]
Quiero oír algo de música folclórica / regional.

Can I listen to this record / CD?
[kaen ai lissen tu thìs reko:d / si di?]
¿Puedo escuchar este disco / CD?

Do you have the sound track / score for…?
[du iuu hèv th(e) saund tràek / skò: foor…?]
¿Tiene la banda sonora / partitura de…?

I'm interested in seeing local musical instruments.
[aim intristid in síin' lòuk(e)l miúsik(e)l instrements]
Me interesa ver instrumentos musicales locales.

Sesión de tarde
Ocio

Vocabulario

sightseeing
[saitsíin']
visita turística

tourist information office
[tuùrist info:meish(e)n ófis]
oficina de turismo

market
[ma:kit]
mercado

cathedral
[kathiidr(a)l]
catedral

castle
[kaas(e)l]
castillo

library
[laibreri]
biblioteca

entertainments guide
[ente:teinment gaid]
guía de espectáculos

cinema
[sinima]
cine

box office
[boks ófis]
taquilla

booking
[bukin']
reserva

play
[plei]
obra de teatro

seat
[síit]
localidad

performance
[pe:fo:mens]
función

swimming
[suimin]
natación

team
[tiim]
equipo

skating
[skeitin]
patinaje

ball
[bol]
pelota

cycling
[saiklin']
ciclismo

race
[reis]
carrera

fan
[fàen]
aficionado

tent
[tént]
tienda de campaña

sleeping bag	*meadow*
[sliipin' bag]	[medòu]
saco de dormir	pradera
countryside	*river*
[kàntrisaid]	[rive:]
campo	río

Frases

Visitas turísticas

We want a guided tour of…
[uii uent a gaidid tuù: ov…]
Queremos una visita guiada de…

When is the museum open?
[uen iz th(e) miuziùm òupen?]
¿Cuándo está abierto el museo?

How much is the entrance fee?
[hau matsh iz th(e) entrens fíi?]
¿Cuánto cuesta la entrada?

Are photographs permitted?
[aa: fòut(e)gràefs pèu:mit(e)d?]
¿Se permite hacer fotos?

Photographs are prohibited.
[fòut(e)gràefs aa: prehibit(e)d]
Se prohíbe hacer fotografías.

Is there a reduction for children / students / groups?
[iz thee: a ridaksh(e)n foor childr(e)n / stiud(e)nts / grúps?]
¿Hay un precio reducido para niños / estudiantes / grupos?

Must I leave my camera?
[mast ai lív mai kaemer(e)?]
¿Tengo que dejar mi cámara?

Is smoking allowed?
[iz smòukin' alou(e)d?]
¿Está permitido fumar?

Where can you buy souvenirs / postcards / a catalogue?
[uea: kaen iuu bai suuvenie:s / pòustca:ds / a kaet(e)log?]
¿Dónde se pueden comprar recuerdos / postales / un catálogo?

Who painted / built / designed the…?
[huu peint(e)d / bilt / dizan(e)d th(e)…?]
¿Quién pintó / construyó / diseñó el…?

When was it built?
[uen uoz it bilt?]
¿Cuándo fue construido?

Diversiones

When does the play / film / opera begin / end?
[uen daz th(e) plei / film / óp(e)re bigin / end?]
¿Cuándo comienza / termina la obra / película, ópera?

Are there any tickets for tonight's performance?
[aa: thee: eni tíkets foor tùnaits pe:fo:mens?]
¿Hay entradas para la función de esta noche?

I would like tickets for the matinée performance.
[ai uud laik tíkets foor th(e) maetinei pe:fo:mens]
Quiero entradas para la función de tarde.

We would like front row seats.
[uii uud laik frónt rèu síts]
Queremos butacas en la primera fila.

Have you got anything nearer the screen?
[hèv iuu got enithin' nie:e: th(e) skrín?]
¿Tiene algo más cerca de la pantalla?

What kind of film / play is it?
[uot kaind ov film / plei iz it?]
¿Qué clase de película / obra es?

I want to book five seats for tomorrow.
[ai uent tu buk fàiv síts foor tùmorou]
Quiero reservar cinco asientos para mañana.

Where are these seats?
[uea: aa: thìis síts?]
¿Dónde están estos asientos?

Where is the cloakroom?
[uea: iz th(e) kl(e)ukruum?]
¿Dónde está el guardarropa?

May I have a programme, please?
[méi ai hèv a progrem, pliiz?]
¿Me da un programa, por favor?

We would like a table for six.
[uii uud laik a téib(e)l foor siks]
Queremos una mesa para seis.

This is my round.
[thìs iz mai raund]
Es mi ronda.

It's my turn.
[its mai tè:n]
Es mi turno / me toca a mí.

This is on me.
[thìs iz on mí]
Te invito.

Would you like to dance?
[uud iuu laik tu dáns?]
¿Quiere bailar?

May I have this dance?
[méi ai hèv thìs dáns?]
¿Me permite este baile?

Deportes

Is there a swimming pool / golf course / skating rink near here?
[iz thee: a suimin puul / golf kó:s / skeitin rin'k nie: hie:?]
¿Hay una piscina / campo de golf / pista de patinar cerca de aquí?

Where is the nearest tennis court / swimming pool?
[uea: iz th(e) nie:est tenis kó:t / suimin puul?]
¿Dónde está la pista de tenis / piscina más próxima?

What time is the football match?
[uot taim iz th(e) futbol mach?]
¿A qué hora empieza el partido de fútbol?

How much do the tickets cost?
[hau matsh du th(e) tíkets kost?]
¿Cuánto cuestan las entradas?

Where is the football stadium?
[uea: iz th(e) futbol steidièm?]
¿Dónde está el estadio de fútbol?

Who's playing?
[huus pleiin'?]
¿Quién juega?

We want to see a football match / a baseball game.
[uii uent tu sii a futbol mach / a beisbol geim]
Queremos ver un partido de fútbol / un partido de béisbol.

Who won the match?
[huu uan th(e) mach?]
¿Quién ganó el partido?

Who scored the goal?
[huu skò:(e)d th(e) gòul?]
¿Quién marcó el gol?

Do you give lessons?
[du iuu gif les(e)n?]
¿Ustedes dan clases?

Where is the men's / women's locker room?
[uea: iz th(e) mens / uimens loke: ruum?]
¿Dónde está el vestuario de hombres / mujeres?

Is the pool covered?
[iz th(e) puul kave:(e)d?]
¿La piscina es cubierta?

We want to sit in the sun / shade.
[uii uent tu sit in th(e) san / sheid]
Queremos sentarnos al sol / a la sombra.

Camping

Where is the nearest camping site?
[uea: iz th(e) nie:est káemping sait?]
¿Dónde está el camping más cercano?

Can we camp here?
[kaen uii káemp hie:?]
¿Podemos acampar aquí?

Can we rent a tent?
[kaen uii rent a tént?]
¿Podemos alquilar una tienda?

Are there showers / shops on the camping site?
[aa: thee: shaue:r / shops on th(e) káemping sait?]
¿Hay duchas / tiendas en el camping?

What is the charge per person per day?
[uot iz th(e) cha:th pèu: pèu:s(e)n pèu: dèi?]
¿Cuánto cuesta por persona y día?

What is the charge for a tent / a caravan?
[uot iz th(e) cha:th foor a tént / a kaer(e)vaen?]
¿Cuánto cuesta una tienda / una caravana?

Camping forbidden.
[káemping fe:biden]
Prohibido acampar.

Private Property. Trespassers will be prosecuted.
[praivit próperti. trespèsè: uil bii prosikiut(e)d]
Propiedad privada. Prohibido el paso a personas no autorizadas.

Is there drinking water / running water on the campsite?
[iz thee: drin'kin' uota: / ranin' uota: on th(e) káempsáit?]
¿Hay agua potable / corriente en el *camping*?

Are there cooking facilities?
[aa: thee: kukin' fesilitis?]
¿Hay sitios para cocinar?

Cuarta lección

Entender la carta en inglés de un restaurante, ir a comprar al mercado o cambiar dinero en un país de habla inglesa puede resultar difícil para todos aquellos que no dominan esta lengua. Con el objetivo de ayudar al viajero a superar sus obstáculos comunicativos, en esta lección se presenta un listado de palabras y frases muy útiles para desenvolverse fácilmente en el mercado y en el restaurante y solicitar servicios de diverso tipo en los países visitados (en el banco, en la oficina de correos, en la peluquería...).

Sesión de mañana
A la hora de comer

Vocabulario

ripe	*raw*	*tender*	*veal*
[raip]	[ró]	[tende:]	[viil]
maduro	crudo	tierno	ternera
spices	*tin*	*fish*	*waiting list*
[spais(e)s]	[tin]	[fish]	[ueitin' list]
especias	lata	pescado	lista de espera
boned	*fresh*	*chicken*	*wine list*
[bòun(e)d]	[fresh]	[chikin]	[uain list]
deshuesado	fresco	pollo	carta de vinos

waiter	starters	roasted	cooked
[ueite:]	[sta:te:s]	[ròustid]	[kuk(e)d]
camarero	entrantes	asado	cocido
spoon	main courses	grilled	steamed
[spuun]	[mein kó:s(e)s]	[gril(e)d]	[stiim(e)d]
cuchara	platos principales	a la parrilla	al vapor
fork	desserts	baked	fried
[fórk]	[dizè:ts]	[beikt]	[fraid]
tenedor	postres	al horno	frito
knife			
[naif]			
cuchillo			

Frases

En el mercado

I'd like two kilos of apples.
[aid laik tuu kîlòus ov àep(e)ls]
Quiero dos kilos de manzanas.

Please, give me three bottles of red wine.
[pliiz, gif mí thrii bot(e)l ov red uain]
Por favor, deme tres botellas de vino tinto.

How much is a kilo of veal?
[hau matsh iz a kîlòu ov viil?]
¿Cuánto cuesta el kilo de carne?

Could you remove the fat from the meat?
[kud iuu rimúf th(e) fát from th(e) míit?]
¿Podría quitar la grasa de la carne?

I'd like the chicken cleaned, please.
[aid laik th(e) chikin kliind, pliiz]
Quiero el pollo limpio de despojos, por favor.

Do you want a mild or a strong cheese?
[du iuu uent a maild o: a stròng chiiz?]
¿Quiere un queso tierno o fuerte?

Do you prefer fresh or frozen fish?
[du iuu prifer fresh o: fròuz(e)n fish?]
¿Prefiere el pescado fresco o congelado?

Is this melon ripe?
[iz thìs mel(e)n raip?]
¿Está maduro este melón?

En el restaurante

I would like to reserve (book) a table for two / four / five....
[ai uud laik tu rizeu:v (buk) a téib(e)l foor tuu / foo / fàiv...]
Quiero reservar una mesa para dos / cuatro / cinco....

I have a table reserved in the name of... for six.
[ai hèv a téib(e)l rizeu:v(e)d in th(e) nèim ov... foor siks]
Tengo una mesa reservada a nombre de... para seis.

Is there a table free?
[iz thee: a téib(e)l fri?]
¿Hay una mesa libre?

How long do we have to wait for a table?
[hau lon' du uii hèv tu uéit foor a téib(e)l?]
¿Cuánto tiempo tenemos que esperar para una mesa?

Can't we have that table?
[kaent uii hèv thàt téib(e)l?]
¿No podemos ocupar aquella mesa?

I'm sorry. It's reserved.
[aim sori. it rizeu:v(e)d]
Lo siento. Está reservada.

What time do you stop serving lunch / breakfast / dinner?
[uot taim du iuu stop sèu:vin' lànch / brèkfast /dina:?]
¿A qué hora terminan de servir la comida / el desayuno / la cena?

What time does the dining room open?
[uot taim daz th(e) dainin' ruum òupen?]
¿A qué hora abre el comedor?

Do we need to make a reservation?
[du uii níd tu meik a reze:veish(e)n?]
¿Tenemos que hacer una reserva?

Where is the cloakroom / women's lavatory / men's lavatory?
[uea: iz th(e) kl(e)ukruum / uimens laevet(e)ri / mens laevet(e)ri?]
¿Dónde está el guardarropa / lavabo de señoras / lavabo de caballeros?

What do you recommend?
[uot du iuu rekèmend?]
¿Qué nos recomienda?

We want to sit in the non-smoking section.
[uii uent tu sit in th(e) nonsmòukin' seksh(e)n]
Queremos sentarnos en la zona de no fumadores.

We are in a hurry.
[uii aa: in a hari]
Tenemos prisa.

May I have some more ice / water / an ashtray / a clean glass?
[méi ai hèv sam móo: áis / uota: / àen àeshtrei / a kliin glás?]
¿Puede darme más hielo / agua / un cenicero / un vaso limpio?

Can you serve us right away?
[kaen iuu sèu:v as rait auei?]
¿Puede servirnos enseguida?

Do you have a children's menu?
[du iuu hèv a childr(e)ns meniú?]
¿Tiene menú para niños?

What is the soup of the day?
[uot iz th(e) suup ov th(e) dèi?]
¿Cuál es la sopa del día?

What is it made of (What is in it)?
[uot iz it meid ov (uot iz in it)?]
¿De qué está hecho (qué hay dentro)?

What else would you like?
[uot els uud iuu laik?]
¿Qué más desean los señores?

Veal cutlets and fried potatoes.
[viil katlits àend fraid potéto(u)s]
Unas chuletas de ternera con patatas fritas.

For me, chicken and salad.
[foor mí, chikin àend salèd]
Para mí, pollo asado con ensalada.

And for me, some hake.
[àend foor mí, sam heik]
Y para mí, merluza.

Why is it taking so long?
[uai iz it teikin' sòu lon'?]
¿Por qué tarda tanto?

This isn't what I ordered.
[thìs iz(e)nt uot ai o:de:(e)d]
No es lo que he pedido.

There is no soup / veal / apple pie / liver… left.
[thee: iz nòu suup / viil / àep(e)l pái / live:… left]
No nos queda sopa / ternera / tarta de manzana / hígado….

I'm afraid we have run out of spinach / cheesecake / fig….
[aim afreid uii hèv ran aut ov spinitsh / chiizkeik / fig…]
Me temo que se han acabado las espinacas / la tarta de queso / los higos….

This food is too cold / salty / raw…
[thìs fúud iz tuu kould / sòlti / ró…]
Esta comida está demasiado fría / salada / cruda…

This knife / fork / glass / plate / spoon is dirty.
[thìs naif / fórk / glás /pleit / spuun. iz deu:ti]
Este cuchillo / tenedor / vaso /plato / cuchara está sucio.

Could we have some more bread, please?
[kud uii hèv sam móo: brèd pliiz?]
¿Nos trae más pan, por favor?

The potatoes are overcooked / undercooked.
[th(e) potéto(u)s aa: òuve:kuk(e)d / andè:kuk(e)d]
Las patatas están demasiado cocidas / poco cocidas.

May we have the bill, please?
[méi uii hèv th(e) bil, pliiz?]
¿Nos trae la cuenta, por favor?

We would like separate bills.
[uii uud laik sepèreit bils]
Queremos cuentas separadas.

Do you accept credit cards?
[du iuu aksept kredit kárds?]
¿Aceptan ustedes tarjetas de crédito?

I think there is a mistake in the bill.
[ai think thee: iz a mistéik in th(e) bil]
Creo que hay un error en la cuenta.

We didn't have any wine with our meal.
[uii did(e)nt hèv eni uain uíz aua: míil]
No hemos tomado vino con la comida.

What kind of ice cream / pie / juice / cake do you have?
[uot kaind ov áis krím / pái / dzús / keik du iuu hèv?]
¿Qué tipo de helado / tarta / zumo / pastel hay?

Is it incluided in the set menu?
[iz it inklúd(e)d in th(e) set meniú?]
¿Está incluido en el menú del día?

Can you tell me what this is?
[kaen iuu tel mí uot thìs iz?]
¿Puede decirme qué es esto?

Do you have draught beer?
[du iuu hèv draaft bie:?]
¿Tienen cerveza de barril?

I'd like another glass of wine / cup of coffee, please.
[aid laik anathe: glás ov uain / kap ov kofii, pliiz]
Quiero otro vaso de vino / taza de café, por favor.

What would you like to drink?
[uot uud iuu laik tu drin'k?]
¿Qué quiere beber?

I'd like it neat / on the rocks.
[aid laik it nít / on th(e) roks]
Lo quiero solo / con hielo (para cócteles).

Sesión de tarde
Servicios

Vocabulario

note	*post office*	*mail*
[nòut]	[pòust ófis]	[meil]
billete	correos	correo
account	*letter*	*hairdresser*
[akaunt]	[lete:]	[headrese:]
cuenta	carta	peluquería
bank chargers	*postman*	*wash and set*
[ban'k cha:dze:s]	[pòustman]	[uòsh àend set]
gastos bancarios	cartero	lavar y marcar
balance	*postal district*	*haircut*
[bèl(a)ns]	[pòust(e)l distrikt]	[hea:kàt]
saldo	código postal	corte de pelo

shave	*stain*	*to sew*	*umbrella*
[sheiv]	[stein]	[tu sòu]	[ambrélla]
afeitado	mancha	coser	paraguas
massage	*to iron*	*button*	*briefcase*
[mèsaadz]	[tu aien]	[bat(e)n]	[brifkeis]
masaje	planchar	botón	maletín
laundry	*zip*	*glasses*	*camera*
[londri]	[zip]	[glássis]	[kaemer(e)]
lavandería	cremallera	gafas	cámara
dry cleaners			
[drai kliine:s]			
tintorería			

Frases

En el banco

I want to change one hundred dollars.
[ai uent tu cheinth uan handred dole:s]
Quiero cambiar cien dólares.

I want to draw money from my credit card.
[ai uent tu drò mani from mai kredit kárd]
Quiero sacar dinero con mi tarjeta de crédito.

I want to change some traveller's cheques.
[ai uent tu cheinth sam trev(e)le:s cheks]
Quiero cambiar algunos cheques de viaje.

How much do you want to change?
[hau matsh du iuu uent tu cheinth?]
¿Cuánto quiere cambiar?

What are the bank charges?
[uot aa: th(e) ban'k cha:ths?]
¿Cuánto es la comisión bancaria?

Can you cash a personal cheque?
[kaen iuu kaesh a pèu:sen(e)l chek?]
¿Puede cambiar un cheque personal?

Can you phone my bank?
[kaen iuu fòun mai ban'k?]
¿Puede llamar a mi banco?

Has my bank transfer arrived?
[hès mai ban'k tràensfé: araiv(e)d?]
¿Ha llegado mi transferencia bancaria?

I would like large notes / small notes.
[ai uud laik lá:dz nòuts / smool nòuts]
Quiero billetes grandes / billetes pequeños.

What is the exchange rate?
[uot iz th(e) exchéins reit?]
¿A cuánto está el cambio?

En correos

I want to send this packet to England.
[ai uent tu send thìs pàekit tu in'glend]
Quiero enviar este paquete a Inglaterra.

I want to send a registered letter.
[ai uent tu send a redzisted lete:]
Quiero enviar una carta certificada.

I need an international order form.
[ai níd àen inte:naeshen(e)l o:de: fó:m]
Necesito un formulario para un giro postal internacional.

Where is the Poste Restante?
[uea: iz th(e) pòustristàent?]
¿Dónde está la lista de correos?

How much is it to send a postcard / letter to…?
[hau matsh iz it tu send a pòustca:d / lete: tu…?]
¿Cuánto es el franqueo de una postal / una carta a…?

Where can I post this letter?
[uea: kaen ai pòust thìs lete:?]
¿Dónde puedo echar esta carta?

I want to send a telegram abroad.
[ai uent tu send a teligràem abrod]
Quiero enviar un telegrama al extranjero.

How much is it per word?
[hau matsh iz it pèu: uè:d?]
¿Cuánto es por palabra?

En la peluquería

I want to make an appointment for…
[ai uent tu meik àen apointm(e)nt foor…]
Quiero pedir hora para…

How long will I have to wait?
[hau lon' uil ai hèv tu uéit?]
¿Cuánto tiempo tendré que esperar?

I want my hair trimmed.
[ai uent mai hea: trim(e)d]
Quiero cortarme las puntas.

The water is too cold / hot.
[th(e) uota: iz tuu kould / hot]
El agua está demasiado fría / caliente.

My hair is oily / dry / curly / straight.
[mai hea: iz oili / drai / keu:li / streit]
Tengo el pelo grasiento / seco / rizado / liso.

I don't want any conditioner / spray.
[ai dont uent eni kon'dishione: / sprei]
No quiero crema suavizante / laca.

Shorter at the back / on top / at the sides, please.
[sho:t(e)r àet th(e) bak / on top / àet th(e) saids, pliiz]
Más corto por detrás / arriba / por los lados, por favor.

The dryer is too hot.
[th(e) draie: iz tuu hot]
El aire del secador es demasiado caliente.

I want a darker / lighter / different shade.
[ai uent a dá:k(e): / laite: / dif(e)rent sheid]
Quiero un tono más oscuro / más claro / diferente.

I want manicuring.
[ai uent manikiurin']
Quiero que me hagan la manicura.

En la lavandería

Can you remove this wine / coffee / grease / blood stain?
[kaen iuu rimúf thìs uain / kofii / grĩz / blad stein?]
¿Puede quitar esta mancha de vino / café / grasa / sangre?

These stains won't come out.
[thìis steins uant kám aut]
Estas manchas no se quitan.

I need these clothes on Wednesday.
[ai níd thìis kl(e)udz on uensdi]
Necesito estas prendas el miércoles.

When will they be ready?
[uen uil thei bii redi?]
¿Cuándo estarán listas?

Can you sew the buttons?
[kaen iuu sòu th(e) bat(e)ns?]
¿Puede coser los botones?

The sleeve is torn; can you sew it?
[th(e) slìiv iz to:n; kaen iuu sòu it?]
La manga está rota, ¿puede coserla?

This coat isn't mine.
[thìs kòut iz(e)nt main]
Este abrigo no es mío.

I want to have these pressed.
[ai uent tu hèv thìis pres(e)d]
Quiero que me planchen esto al vapor.

Can you fix this zip?
[kaen iuu fiks this zip?]
¿Puede arreglar esta cremallera?

It will take two days to fix.
[it uil teik tuu dèis tu fiks]
Estará arreglada dentro de dos días.

Buscando objetos perdidos

I lost my glasses last night.
[ai lóst mai glássis lást nàit]
Perdí mis gafas anoche.

I think I left my umbrella in the restaurant.
[ai think ai left mai ambrélla in th(e) rest(e)ront]
Creo que dejé mi paraguas en el restaurante.

I can't find my ticket.
[ai kaent faind mai tíket]
No encuentro mi entrada.

Have you seen a brown leather briefcase?
[hèv iuu sín a braun léther brifkeis?]
¿Ha visto un maletín de piel marrón?

Has anyone found a camera in the dining room?
[hès eniuan faund a kaemer(e) in th(e) dainin' ruum?]
¿Ha encontrado alguien una cámara en el comedor?

When did you leave it there?
[uen did iuu lív it thee:?]
¿Cuándo la dejó ahí?

About two hours ago.
[abaut tuu aue:s agòu]
Hace más o menos dos horas.

Nothing has been handed in. Have you checked the reception desk?
[nathin' hès biin haend(e)d in. hèv iuu chek(e)t th(e) risepsh(e)n desk?]
No han entregado nada. ¿Ha preguntado en la recepción?

I'll let you know if anyone turns it in.
[ail let iuu nòu if eniuan tè:ns it in]
Le avisaré si alguien lo devuelve.

Has it got your name on it?
[hès it got ioo: nèim on it?]
¿Tiene su nombre?

Can you describe it?
[kaen iuu diskraib it?]
¿Puede dar una descripción del objeto?

If your find it, please contact me at…
[if ioo: faind it, pliiz konta(e)kt mí àet…]
Si la encuentra, por favor, notifíquemelo en…

Quinta lección

Durante un viaje es posible que se produzcan situaciones de emergencia en las que superar las barreras de la comunicación resulta todavía más indispensable. En esta lección se muestra una completa selección del vocabulario y las frases en inglés más adecuados para salir airoso de cualquier apuro; por ejemplo, para poner una denuncia en la comisaría, explicar la avería del coche al mecánico o entender las prescripciones del médico. Y, para finalizar, una serie de términos y frases que ayudarán al viajero a hacerse entender perfectamente a la hora de pedir información, resolver dudas y superar dificultades en el momento de efectuar una llamada de teléfono.

Sesión de mañana
En apuros

Vocabulario

police station	*emergency*	*to report*
[poliis steish(e)n]	[imè:dz(e)nsi]	[tu ripoo:t]
comisaría	urgencia	denunciar
help	*theft*	*documentation*
[help]	[theft]	[dokiumenteish(e)n]
ayuda	robo	documentación

mechanic	*prescription*	*cough syrup*	*bite*
[mikaenik]	[priskripsh(e)n]	[kaaf sirup]	[bait]
mecánico	receta	jarabe	picadura
truck	*tablets*	*fever*	*a cold*
[trak]	[tàeblits]	[fíve:]	[a kould]
grúa	pastillas	fiebre	un resfriado
engine	*allergies*	*symptoms*	*toothache*
[endzin]	[alè:dzis]	[simptèms]	[tuutheik]
motor	alergia	síntomas	dolor de muelas
battery	*antiseptic*	*pills*	*specialist*
[bat(e)ri]	[antiseptik]	[pils]	[speshèlist]
batería	antiséptico	píldoras	especialista
rattle	*dosage*	*sunglasses*	
[ràet(e)l]	[dòushij]	[sánglássis]	
ruido	dosis	gafas de sol	

Frases

En la comisaría

I need your help.
[ai níd ioo: help]
Necesito su ayuda.

It's an emergency.
[its àen imè:dz(e)nsi]
Es una emergencia.

I have lost my bag.
[ai hèv lóst mai bag]
He perdido mi bolso.

I want to report a theft.
[ai uent tu ripoo:t a theft]
Quiero denunciar un robo.

My wallet / suitcase / credit card has disappeared from my room.
[mai uolit / suitkeis / kredit kárd hès disepie: from mai ruum]
Mi monedero / maleta / tarjeta de crédito ha desaparecido de mi
habitación.

I have lost my passport, what can I do?
[ai hèv lóst mai paasport uot kaen ai du?]
He perdido mi pasaporte, ¿qué puedo hacer?

I need to talk to my consulate / embassy.
[ai níd tu took tu mai konsiulit / embèsi]
Necesito hablar con mi consulado / embajada.

Do you have found my documentation?
[du iuu hèv faund mai dokiumenteish(e)n?]
¿Han encontrado mi documentación?

Problemas con el coche

My car has broken down.
[mai kaa: hès br(e)uken daun]
Mi coche está averiado.

Can you send a mechanic / a tow truck?
[kaen iuu send a mikaenik / a tùu trak?]
¿Puede enviar un mecánico / una grúa?

The engine has overheated.
[th(e) endzin hès òuve:hit(e)d]
El motor se recalienta.

The battery is dead.
[th(e) bat(e)ri iz ded]
La batería está agotada.

My car won't start.
[mai kaa: uant sta:t]
Mi coche no arranca.

The engine is smoking.
[th(e) endzin iz smòukin']
El motor echa humo.

There is a leak in the radiator.
[thee: iz a lík in th(e) reidieite:]
Hay un escape en el radiador.

The battery needs charging.
[th(e) bat(e)ri nídz cha:gin']
Hay que cargar la batería.

I have a flat tyre.
[ai hèv a flàt taiè:]
Se me ha pinchado una rueda.

The right / left indicator doesn't work.
[th(e) rait / left indikeite: daz(e)nt uè:k]
El intermitente derecho / izquierdo no funciona.

The car pulls no the right / left.
[th(e) kaa: puls nòu th(e) rait / left]
El coche se va hacia la derecha / izquierda.

There's a rattle in…
[thee:s a ràet(e)l in…]
Hay un ruido en…

Do you have the necessary parts for…?
[du iuu hèv th(e) nesiseri pá:ts foor…?]
¿Tiene las piezas necesarias para…?

Have you located the problem?
[hèv iuu lòukeit(e)d th(e) problem?]
¿Ha localizado la avería?

The spark plugs are dirty.
[th(e) spa:k plags aa: deu:ti]
Las bujías están sucias.

En la farmacia

Can you recommend something for a hangover / constipation / a sunburn?
[kaen iuu rekèmend samthin' foor a haen'òuve: / konstipeishon / a sanbeurn?]
¿Puede recomendarme algo para la resaca / el estreñimiento / las quemaduras de sol?

Take two tablets with water every four hours.
[teik tuu tàeblits uíz uota: evri foo aue:s]
Tome dos pastillas con agua cada cuatro horas.

How long will it take to have the prescription?
[hau lon' uil it teik tu hèv th(e) priskripsh(e)n?]
¿Cuánto tiempo tardará en tener la receta?

It will be ready in half an hour.
[it uil bii redi in háf àen aue:]
Estará lista en media hora.

Can I have some antiseptic cream / vitamin C / cough syrup, please?
[kaen ai hèv sam antiseptik kníim / vitèmin sii / kaaf sirup, pliiz?]
¿Me da pomada antiséptica / vitamina C / jarabe, por favor?

Can I have some aspirin for a child of five, please?
[kaen ai hèv sam asprin foor a chàild ov fàiv, pliiz?]
¿Me da aspirinas para un niño de cinco años, por favor?

What is the dosage for a youg child?
[uot iz th(e) dòushij foor a iuu chàild?]
¿Cuál es la dosis para un niño pequeño?

Apply the cream every six hours.
[aplai th(e) kníim evri siks aue:s]
Apliquese la crema cada seis horas.

What are the symptoms?
[uot aa: th(e) simptèms?]
¿Cuáles son los síntomas?

What do you have for mosquito bites?
[uot du iuu hèv foor moskítòu baits?]
¿Qué tiene para picaduras de mosquitos?

Problemas de salud

I don't feel well.
[ai dont fíil uel]
No me encuentro bien.

I've got a cold.
[aif got a kould]
Tengo un resfriado / tengo un catarro.

I have a fever / temperature.
[ai hèv a fíve: / tempritshe:]
Tengo fiebre.

What's the matter?
[uots th(e) maete:?]
¿Qué le pasa?

Does it hurt here?
[daz it heu:t hie:?]
¿Le duele aquí?

A lot / a little.
[a lot / a lit(e)l]
Mucho / poco.

Do you have any allergies?
[du iuu hèv eni alè:dzis?]
¿Tiene alguna alergia?

You must see a specialist.
[iuu mast sii a speshèlist]
Tiene que ver a un especialista.

Take the medicine twice a day.
[teik th(e) medisin tuais a dèi]
Tome la medicina dos veces al día.

I have a toothache.
[ai hèv a tuutheik]
Tengo dolor de muelas.

I must see a dentist inmediately.
[ai mast sii a dentist imidietli]
Tengo que ir al dentista inmediatamente.

Take these pills before / after meals.
[teik thìis pils bifo: / afte: míils]
Tome estas píldoras antes / después de comer.

Take these pills every…
[teik thìis pils evri…]
Tome estas píldoras cada…

En la óptica

I need some sunglasses.
[ai níd sam sánglássis]
Necesito unas gafas de sol.

I broke my glasses.
[ai br(e)uk mai glássis]
Se me han roto las gafas.

Can you fix these glasses?
[kaen iuu fiks thìis glássis?]
¿Puede arreglar estas gafas?

When will they be ready?
[uen uil thei bii redi?]
¿Cuándo estarán listas?

Sesión de tarde
Comunicación

Vocabulario

understand [andè:stend] comprender	*what* [uot] qué	*how long* [hau lon'] cuánto tiempo
know [nòu] saber	*why* [uai] por qué	*to ring up* [tu rin' ap] llamar por teléfono
find [faind] encontrar	*who* [huu] quién	*telephone number* [telifòun nambe:] número de teléfono
what time [uot taim] a qué hora	*what colour* [uot kal(e):] de qué color	*a wrong number* [a rón' nambe:] número equivocado
how [hau] cómo	*how much* [hau matsh] cuánto	*reverse charge call* [rivè:s cha:th kol] llamada a cobro revertido
when [uen] cuándo	*how many* [hau meni] cuántos	*to ring back* [tu rin' bak] volver a llamar
where [uea:] dónde	*how old* [hau òuld] qué edad	*dialling tone* [dailin' tòun] tono

to dial	to answer the phone	telephone directory
[tu dail]	[tu ánse: th(e) fòun]	[telifòun direkt(e)ri]
marcar	contestar el teléfono	guía de teléfonos

telephone box
[telifòun boks]
cabina telefónica

Frases

Pedir información

I can't find / see / understand.
[ai kaent faind / sii / andè:stend]
No puedo encontrar / ver / entender.

I'd like to know…
[aid laik tu nòu…]
Me gustaría saber…

Could you tell / help me?
[kud iuu tel / help mí?]
¿Puede decirme / ayudarme?

Why is the train late?
[uai iz th(e) trein leit?]
¿Por qué llega tarde el tren?

How heavy is your suitcase?
[hau hevi iz ioo: suitkeis?]
¿Cuánto pesa su maleta?

Which museum do yo think is more interesting?
[uitsh miuziùm du ies think iz móo: intristin'?]
¿Cuál es el museo que considera usted más interesante?

How much is it?
[hau matsh iz it?]
¿Cuánto es?

What time does the concert end?
[uot taim daz th(e) konsert end?]
¿A qué hora termina el concierto?

How many trains are there a day?
[hau meni treins aa: thee: a dèi?]
¿Cuántos trenes hay cada día?

May I ask you a favour?
[méi ai aask iuu a feive:?]
¿Puedo pedirle un favor?

Would you be so kind as to tell me…?
[uud iuu bii sòu kaind àez tu tel mí…?]
¿Sería tan amable de decirme…?

That's very kind of you.
[thàts veri kaind ov iuu]
Es usted muy amable.

How long do we have to wait?
[hau lon' du uii hèv tu uéit?]
¿Cuánto tiempo tenemos que esperar?

How far is it to the next city?
[hau fa: iz it tu th(e) nekst siti?]
¿A qué distancia está la próxima ciudad?

How old is this building?
[hau òuld iz thìs bildin'?]
¿Cuántos años tiene este edificio?

Telefonear

The line is engaged (Br) The line is busy (Am).
[th(e) láin iz enghéixed *(Br)* th(e) láin iz bizi *(Am)*]
Está comunicando.

Replace the receiver and dial again.
[ripleis th(e) risíve: àend dail agen]
Cuelgue y vuelva a marcar.

Please, look up the number in the telephone directory.
[pliiz, lúuk ap th(e) nambe: in th(e) telifòun direkt(e)ri]
Por favor, consulte el número en la guía.

You can dial direct to…
[iuu kaen dail direkt tu…]
Puede marcar directo a…

I am calling from a pay phone.
[ai àem kolin' from a péi fòun]
Llamo desde una cabina.

This is a long-distance call.
[thìs iz a lon'distens kól]
Es una conferencia.

I dialed a wrong number.
[ai dail(e)d a rón' nambe:]
Me he equivocado.

You've given me the wrong number / extension.
[iuuf giv(e)n mí th(e) rón' nambe: / ikstensh(e)n]
Me ha dado un número / extensión equivocado.

May I have the name of the calling party?
[méi ai hèv th(e) nèim ov th(e) kolin' párti?]
¿Me da el nombre de la persona que hace la llamada?

Where are you calling from?
[uea: aa: iuu kolin' from?]
¿Desde dónde llama usted?

I am phoning from Barcelona, Spain.
[ai àem fòunin' from barselòuna, spein]
Llamo desde Barcelona, España.

I have been cut off (disconnected).
[ai hèv biin kat of (diskénekt(e)d)]
Me han cortado.

I must hang up.
[ai mast haen' ap]
Tengo que colgar.

The lines are crossed.
[th(e) láins aa: kros(e)d]
Hay un cruce de líneas.

The connection is bad.
[th(e) kénekshon iz bad]
No se oye bien.

I am connecting you now.
[ai àem kénektin' iuu nau]
Le pongo ahora.

I cannot hear you very well.
[ai kaenot hie: iuu veri uel]
No puedo oírle bien.

What number are you calling from?
[uot nambe: aa: iuu kolin' from?]
¿Desde qué número llama usted?

May I have your telephone number, please?
[méi ai hèv ioo: telifòun nambe:, pliiz?]
¿Me da su número de teléfono, por favor?

I'm calling from 556-1567.
[aim kolin' from fàiv fàiv siks - uan fàiv six sev(e)n]
Llamo desde el 556-1567.

Could you give me the number of…?
[kud iuu gif mí th(e) nambe: ov…?]
¿Puede darme el número de…?

May I speak to Mr. / Ms.…?
[méi ai spík tu miste: / mez…?]
¿Puedo hablar con el señor / la señora…?

Could you put me through to (connects me with) Ms.…?
[kud iuu put mí thruu tu (kénekts mí uíz) mez…?]
¿Podría ponerme con la señora…?

Who is calling, please?
[huu iz kolin', pliiz?]
¿De parte de quién?

May I have your name, please?
[méi ai hèv ioo: nèim, pliiz?]
¿Me da su nombre, por favor?

This is… speaking.
[thìs iz… spíkin']
Al habla…

There is no answer (no reply).
[thee: iz nòu ánse: (nòu riplai)]
No contesta.

Could you hold the line, please.
[kud iuu hòuld th(e) láin, pliiz]
No cuelgue, por favor.

I want to make a person-to-person call to…
[ai uent tu meik a pèu:s(e)ntupèu:(e)n kól tu…]
Quiero poner una llamada de persona a persona a…

I would like the area code for…
[ai uud laik th(e) éria kòud foor…]
Quiero el prefijo de…

Which department / extension do you want?
[uitsh dipa:tm(e)nt / ikstensh(e)n du iuu uent?]
¿Qué departamento / extensión quiere?

This is a recorded message.
[thìs iz a reko:did mesidz]
Es un mensaje grabado.

Mr. / Ms.… is not here at the moment.
[miste: / mez… is not hie: àet th(e) mòument]
El señor / la señora… no está en este momento.

Mr. / Ms.… will return in about… minutes / hours / days.
[miste: / mez… uil ritèu:n in abaut… minu(i)ts / aue:s / dèis]
El señor / la señora… volverá en más o menos… minutos / horas / días.

I would like to leave a message for Mr. / Ms.…
[ai uud laik tu lív a mesidz foor miste: / mez…]
Quiero dejar un mensaje para el señor / la señora…

www.ingramcontent.com/pod-product-compliance
Lightning Source LLC
Chambersburg PA
CBHW070041110426
42741CB00036B/3112